D1930235

Mons
Fons
Pons

Für alle unsere lieben Freunde

Natallia Yermakova / Michael Beuthner

Lüneburg

Ein Stadtführer für Klein und Groß

Illustriert von Natallia Yermakova

Verlag Landeszeitung für die Lüneburger Heide GmbH

INHALT

onkel
Ur-Opa
Salino Weißborste
Salz ?!
Ich...
Ich denke nach
!
mein Roller
Kiel
Rostock
HAMBURG
Schwerin
Bremen
Lüneburg
Lüneburger Heide
ALTMARK
Wolfsburg
Braunschweig
Potsdam

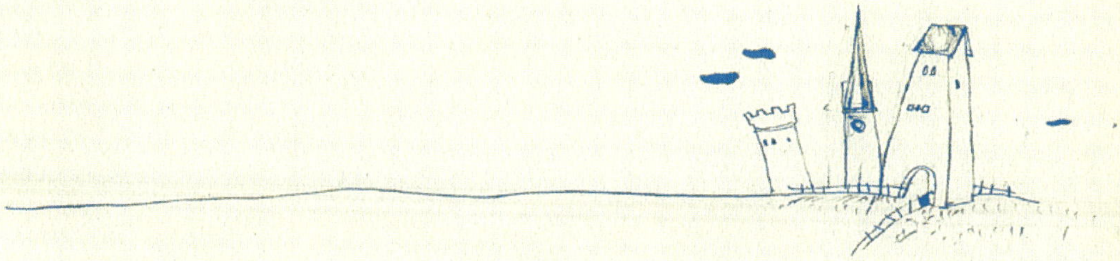

Mein Onkel Eberhardt Rauborste hat mir eine unglaubliche Geschichte erzählt. Mein eigener Ur-Ur-Ur-Ur-Opa, Salino Weißborste, soll Schuld daran sein, dass es eine ganze Stadt überhaupt gibt: nämlich Lüneburg! „Das gibt es doch nicht!", dachte ich. Aber Onkel Eberhardt hat gesagt, dass es in der Stadt selbst den Beweis dafür gäbe, dass das wirklich wahr ist. „Was für einen Beweis denn?", habe ich gefragt, aber er wusste es selbst nicht so genau. Er meinte nur, dass Ur-Ur-Ur-Ur-Opa Weißborste etwas erfunden hatte, was alle Menschen ganz toll fanden und heute noch immer toll finden: Weiße Krümel, die man in die Suppe tun kann, damit die besser schmeckt. „Salz" hat er seine Erfindung genannt. Die Geschichte fand ich so spannend, dass ich folgendes beschloss: Ich reise in die Hansestadt Lüneburg und werde den Beweis finden!

Deswegen bin ich jetzt mit meinem Roller in Lüneburg. Mein Onkel Eberhardt hat mir ein Säckchen von Ur-Opas Erfindung mitgegeben, damit ich es bei der Suche den Menschen in Lüneburg zeigen kann. Aber wen der ca. 70 000 Einwohner soll ich denn zuerst fragen? Außerdem ist das schon sehr lange her mit meinem Ur-Opa: Der hat nämlich vor über 1000 Jahren in Lüneburg gewohnt.

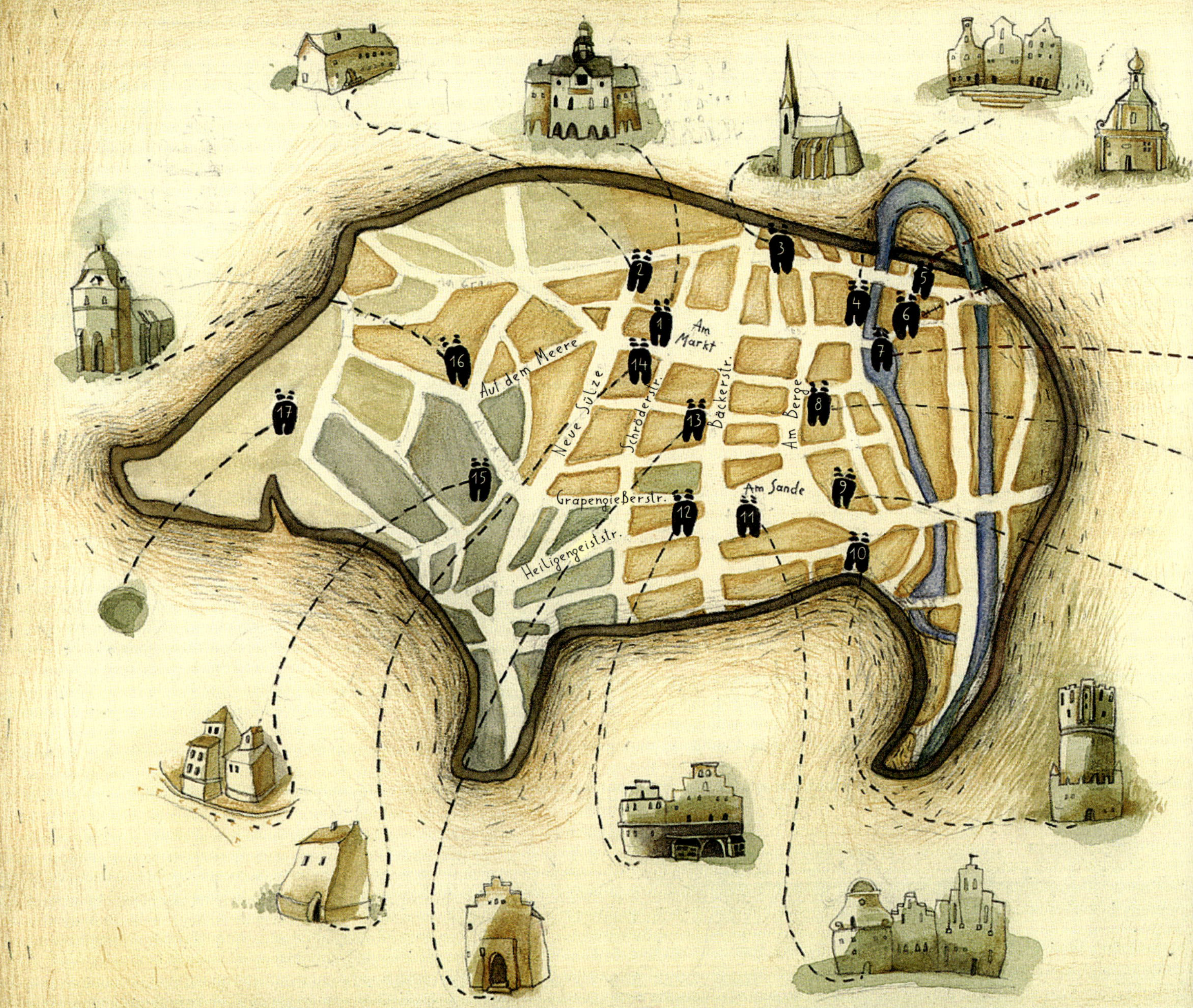
Am Markt
Auf dem Meere
Neue Sülze
Schröderstr.
Bäckerstr.
Am Berge
Grapengießerstr.
Am Sande
Heiligengeiststr.
1
2
3
4
5
6
7
8
9
10
11
12
13
14
15
16
17

1 Rathaus
2 Reitende-Diener-Straße und Klosterhof
3 St. Nikolai-Kirche
4 Stintmarkt
5 Altes Kaufhaus
6 Alter Kran
7 Abtswasserkunst und Lüner Mühle
8 Brömse-Haus
9 St. Johannis-Kirche
10 Ratswasserkunst und Wasserturm
11 Am Sande
12 Industrie- und Handelskammer
13 Alte Rathsapotheke
14 "Schwangeres Haus"
15 Auf dem Meere
16 St. Michaelis-Kirche
17 Kalkberg

Als erstes komme ich an einen hölzernen, mit Kupfer gedeckten, alten Kran. Der steht direkt an der Ilmenau, das ist der Fluss, der mitten durch Lüneburg fließt. Der Kran ist auch schon ganz schön alt, nämlich 661 Jahre. Er hat früher mal geholfen, die Erfindung meines Ur-Opas auf Schiffe zu verladen. Die haben das Salz dann in andere Städte und Länder gebracht, damit die Suppe auch dort besser schmeckte. Vielleicht kann mir ein Einwohner des Krans ja sagen, wo das Salz damals hergekommen ist.

Der Kran-Einwohner ist eine kleine Maus namens Mons Maus. „Lustiger Name", sage ich und frage ihn nach meinem Ur-Opa. Den Namen Salino Weißborste hat er aber noch nie gehört. „Lustiger Name", sagt er und meint, ich solle seinen Bruder Pons Maus im alten Kaufhaus nebenan einmal fragen.

37 ws*
32 ws*
8 ws*
16 ws*
4 ws*
17 ws*
* ws (Wildschwein) = 0,5 m
Maßstab 1:1

Pons Maus ist jedoch nicht zu Hause. Aber nebenan aus der Ilmenau ruft jemand: „Hey, du! Was suchst du?" Im Wasser entdecke ich einen kleinen silbernen Fisch. „Und wer will das wissen?", frage ich zurück. „Mein Name ist Osmerus Eperlanus, aber du kannst ruhig Stint zu mir sagen. Mir gehört hier das Kneipenviertel." Pons Maus kennt er nicht: „Das ist aber ein lustiger Name, weil er übersetzt Brücke bedeutet", erklärt mir Stint. „Das alte Kaufhaus hat früher mal Heringshus geheißen, weil man dort den Ostseehering mit Salz bestreut hat, damit der besser schmeckte und lange herumliegen konnte ohne zu stinken. Der Hering war früher ein bedeutendes Handelsgut." Also war die Erfindung meines Ur-Opas ja noch toller als ich dachte.

..Pons!
SALZ
FISCH

Stint zeigt mir anschleißend sein Kneipenviertel, den Stintmarkt. Ganz früher hatten die Menschen hier seine Ur-Ur-Ur-Ur-Opas und Omas verkauft, weil die Lüneburger diesen Fisch so gerne gegessen haben. Das tun sie heute noch. Pons Maus kann ich auch hier nicht finden, obwohl es hier ein altes Wirtshaus mit seinem Namen gibt.

In der Nähe des Stintmarktes sehe ich eine Kirche, die St. Nikolai-Kirche. Dort treffe ich einen alten Kater namens Lekka Gelato. Der erklärt mir, dass diese Basilika aus dem 15. Jahrhundert den Flussschiffern früher als religiöses Zentrum diente und voller bedeutender Schätze gotischer Malerei und Schnitzkunst sei. Mit einem der Schiffe ist auch sein Piraten-Ur-Ur-Opa, Bello Gelato, aus Italien nach Lüneburg gekommen. „Ich nix kenne Maus Pons. Bestimmt er ist in andere Kirche, wo der Sand ist."

Auf dem Weg dorthin komme ich an einen großen Turm. „Der Turm heißt Abtswasserkunst und wurde 1530 erbaut", erklärt mir Stint, „und er hat früher einzelne Patrizierhäuser mit Wasser versorgt. Direkt daneben liegt die Lüner Mühle aus dem 16. Jahrhundert, in der bis zum 20. Jahrhundert gemahlen wurde." Stint weiß echt viel über sein Viertel. „Was haben die denn für Bilder gemalt?", frage ich. „Nicht malen, sondern mahlen!", lacht mich Stint aus. „Ok. Und was mahlten die für Bilder?" Stint guckt mich etwas böse an und sagt: „Die zerkleinerten Getreide, du Dummkopf!" Pons Maus soll ich in der Kirche am Sande suchen, meint Stint und verabschiedet sich.

Unterwegs sehe ich eine schöne Kutsche mit vielen Menschen darin. Sie steht vor einem ganz alten Haus. Die beiden großen Pferde, die die Kutsche ziehen, sind sehr nett. „Wo kommt ihr denn her?", will ich wissen. „Ich komme aus Frankreich und heiße Clamart", sagt das eine. „Ich komme aus Estland und heiße Tartu", sagt das andere. Clamart und Tartu erklären mir, dass das alte Haus Brömse-Haus heißt und das älteste Bürgerhaus der Stadt ist. Und die beiden kennen tatsächlich Pons Maus. „Der ist meist in der St. Johannis-Kirche und weiß eine ganze Menge über die Stadt", erzählen sie mir, bevor sie mit der Kutsche weiterziehen.

Ich denke, ich bin betrunken, als ich vor der St. Johannis-Kirche stehe, denn ihr 108,71 Meter hohe Turm ist total schief. Das mag aber an ihrem Alter liegen, denn sie ist die älteste in Niedersachsen und wurde schon 1297 als Taufkirche genutzt. Und was sehe ich? Eine Maus! „Bist du Pons Maus, der Bruder von Mons Maus?" „Nein, aber den findest du bei der Ratswasserkunst neben dem Wasserturm. Ich bin nur eine arme Kirchenmaus namens Johann Sebastian Maus, ich wohne in der Orgel", sagt die Maus.

Bei der Ratswasserkunst finde ich endlich Pons Maus. Er meint, dass der Vorname von meinem Ur-Opa Salino ein bisschen wie Saline klingt, nur mit o am Ende. „Die Saline ist die Quelle des Salzes. Vor langer Zeit, so um 956, haben die Menschen dort zum ersten Mal Salz gefunden und somit Lüneburg steinreich gemacht", erklärt mir Pons Maus. „Haben die denn für das Salz Steine bekommen?" „Weiß ich nicht", sagt Pons. „Und was hat dein Ur-Opa mit der Saline zu tun?", fragt er. „Er hat das Salz erfunden." „Ach so, dann steig doch mal auf den Wasserturm nebenan, da kannst du die Saline vielleicht sehen." Das tue ich auch und mach eine erstaunliche Entdeckung: Im Wasserturm ist gar kein Wasser! Erst 1907 hat man ihn gebaut und heute sind da viele interessante Räume drin mit vielen Sachen zum anschauen. Oben hat man einen super Blick auf die Stadt, aber die Saline kann ich nicht sehen.

Landeszeitung
St. Johanniskirche

Pons Maus führt mich über einen großen schönen Platz, dem Sande. Hier mache ich gleich zwei weitere erstaunliche Entdeckungen: Es ist weit und breit kein Sand zu sehen und einige der Giebelhäuser sehen aus wie Schnecken! „Früher lag hier tatsächlich mal nur Sand statt Steine. Und hier hat man auch die Erfindung von deinem Ur-Opa verkauft", erzählt Pons Maus. „Die steinreichen Lüneburger haben also doch ganz viele Steine für das Salz bekommen und sie hier überall hingelegt", sage ich. „Vielleicht", sagt Pons.

Am Sande zeigt mir Pons Maus noch ein ganz schönes Haus in Schwarz! Die Steine dafür hat man extra gebacken, wahrscheinlich aus Schwarzbrot. Gebaut wurde es 1548 als Brauhaus, heute wohnt darin die Frau Industrie und alle Händler der Stadt in einer Kammer. Plötzlich hat Pons Maus Bauchweh und will kurz in die Apotheke.

Die schmucke Renaissance-Fassade und auch der historische Innenbau der alten Raths-apotheke sehen toll aus. „Die Apotheke wurde 1598 errichtet und ein vom Stadtrat bestellter Oberapotheker war damals der Boss", erzählt mir Pons Maus. „Aber die Medikamente da drin sind neu." Pons besorgt sich was gegen sein Bauchweh, bevor wir weitergehen. „Um mehr über deinen Opa herauszufinden, müssen wir unbedingt meinen Bruder Fons Maus finden. Der weiß noch mehr als ich und wohnt meistens in der St. Michaelis-Kirche."

In der Stadt entdecke ich viele schöne Türen und Wappen. Versuch mal, sie selber zu finden.

Auf dem Weg zur St. Michaelis-Kirche kommen wir an eine Straße mit einem sehr merkwürdigen Namen: Auf dem Meere. Denn erstaunlich ist auch hier, dass es gar kein Meer weit und breit gibt. Pons Maus erklärt es mir: „Unterirdisch haben die Menschen ganz früher die Erfindung deines Ur-Opas mit Wasser vermischt, nach oben gepumpt und damit die Erde unter der Stadt hohl gemacht. Deshalb knickt alles jetzt ganz langsam nach unten. Das nennt man Senkungsgebiet. Und die Straße hier liegt direkt an der Kante. Und irgendwann einmal gab es so viel Wasser in dieser Senke, dass das mal aussah wie ein Mini-Meer."

Auf dem Meere

Lüneburg steckt wirklich voller Überraschungen. Stellt euch mal vor: Die St. Michaelis-Kirche ist eigentlich eine Kopie! Die erste St. Michaelis-Kirche stand früher auf einem Kalkberg. Von 1376-1418 hat man sie dann praktisch verlegt. Und die knickt auch ganz langsam nach unten ab, weil unter ihr die Erde auch hohl ist, weil kein Salz mehr da ist. Die Säulen innen drin stehen deswegen auch ganz schön schief, wie der Turm der anderen Kirche, wo ich vorhin gewesen bin. Von Fons Maus ist aber keine Spur zu finden.

Pons Maus meint, dass wir seinen älteren Bruder dort finden würden, wo die kleinen Babyhäuser von Lüneburg geboren werden. Denn stellt euch vor, in Lüneburg gibt es schwangere Häuser mit dicken Bäuchen! Aber in Wirklichkeit sind da keine Babyhäuser drin, sondern die Wände sind nur dick geworden, weil der Gipsmörtel, mit dem diese Häuser früher gebaut worden sind, Feuchtigkeit aufgesaugt und sich deshalb ausgedehnt hat. Fons Maus ist aber auch hier nirgends zu sehen. „Dann muss er bestimmt im Rathaus sein", sagt Pons Maus, „weil unser Bruder eine Politmaus ist."

Auf dem Weg zum Rathaus kommen wir wieder an einer Straße mit einem lustigen Namen vorbei: Die Reitende-Diener-Straße. Natürlich kann mir Pons auch dafür eine Erklärung geben: „Mitte des 16. Jahrhunderts stiftete der Bürgermeister Hinrik Garlop seinen Bediensteten die so genannten Garlophäuser. Das waren Reiter, die die Briefe in Lüneburg verteilten und die Rathaus-Einwohner auf ihren langen Überlandreisen begleiteten. Im Garten ist auch noch der Klosterhof des ehemaligen Franziskanerklosters zu finden." Dort im Garten treffen wir Mons Maus wieder, der mit uns weitergeht.

Beim Rathaus finden wir endlich Bruder Fons Maus. Fons bedeutet als Name übrigens „Quelle", wie die Saline. Er hat den Namen von seinem Ur-Ur-Ur-Ur-Opa bekommen, der in der Saline gelebt hat. Und von ihm weiß Fons Maus, dass es hier im Rathaus in Echt den Beweis gibt, nach dem ich die ganze Zeit suche. „Das Rathaus ist aber ein Haus aus ganz vielen Häusern, die unterschiedlich alt sind. Es besteht aus einer gotischen Gerichtslaube, einem Fürstensaal, einer Kanzlei und einer Ratsstube, die zu den schönsten in der ganzen Welt gehört. Die tolle Fassade wurde erst 1704-1720 erbaut." In einem der viel älteren Teile, die um 1230 erbaut wurden, zeigt mit Fons Maus eine alte Archivstube. Und stellt euch vor, da hängt doch tatsächlich ein alter Knochen, der ganz früher meinem Ur-Opa gehörte. Das ist der Beweis!

SALZ
Mons

Zum Schluss meiner Reise steige ich mit Mons, Pons und Fons Maus auf den 58 Meter hohen Kalkberg. „Den Namen unseres Bruders Mons Maus kann man übrigens auch übersetzen. Mons bedeutet Berg, wie dieser Berg hier", erklärt mir Pons Maus. „Aber dieser Kalkberg heißt falsch, der müsste nämlich Gipsberg heißen. Früher stand hier sogar mal eine Burg drauf", erzählt Fons Maus, „heute ist er ein Naturschutzgebiet."
Zusammen mit meinen neuen Lüneburger Freunden genieße ich von hier oben noch einmal die Aussicht auf diese wunderschöne Stadt und bin auf meinen Ur-Ur-Ur-Ur-Opa Salino sehr stolz, der aber eigentlich kein Erfinder, sondern der berühmte Finder des Salzes war.

Das gesalzene Wildschwein

Vor ungefähr 1000 Jahren, als Lüneburg noch keine richtige Stadt war, sondern nur aus wenigen Häusern und viel Wald bestand, da passierte etwas Erstaunliches:
Einige Jäger entdeckten im Wald ein sehr ungewöhnliches Wildschwein mit weißem Borstenfell. Zunächst dachten sie, es sei ein Geisterschwein, doch als sie bemerkten, dass es echt war, da verfolgten sie es. Das Wildschwein lief zu einer matschigen Stelle und wälzte sich im Schlamm hin und her. Danach legte es sich schlafen und bemerkte gar nicht, dass die Jäger gekommen waren. Sie erschossen das Wildschwein, um das Geheimnis seines weißen Fells zu lüften. Als sie es von nahem untersuchten, da entdeckten sie, dass an den Borsten reines SALZ klebte. Deswegen sah das Wildschwein im Sonnenlicht auch weiß aus. Doch wo und wie kam das Salz auf die Sau?

Als die Jäger den Schlamm untersuchten, in dem das Schwein sich gebadet hatte, da fanden sie die Antwort: Das Salz war im Schlamm! Dadurch entdeckten die Jäger die später berühmte Salzquelle, die Lüneburger Saline. Sie brachte der Stadt Wohlstand und Reichtum, denn mit dem Salz konnte man viele wichtige Dinge tun, wie zum Beispiel die Suppen verleckern und die Lebensmittel haltbar machen. Mehr dazu könnt ihr im Salzmuseum erfahren. Ohne die gesalzene Wildsau hätten die Jäger aber die Salzquelle nie entdeckt. Und damit sich die Menschen in Lüneburg und alle Besucher immer an die berühmte Salzsau erinnern, gibt es eine Art Denkmal für sie: Im Lüneburger Rathaus hängt in der Alten Kanzlei eine gläserne Laterne, in dem ein Knochen der Salzsau aufbewahrt wird. Ganz schön unglaublich und sagenhaft, was?!

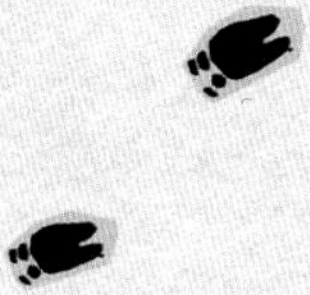

Größe: von da bis da ca. 23.000 Wildschweine

Mein Zettel über Ur-Opas Stadt

Viele junge Leute lernen in dem EXTRA-DORF Universität

Name: Lüneburg
Vorname: Hansestad
Geboren: 956
Elternstädte:
- „Hliuni" beim Kalkberg
- Die Saline
- „Modestorpe"

Patentante I: Clamart in Frankreich
Patentante II: Tartu in Estland
Allesfresser: ~~70.000~~ 70.001
Mäuser: Mons, Pons, Fons
Katzen: Lekka Gelato
Kneipen: ganz viele……………………
Zeitung: ~~eine~~ zwei
Kirchen: 3 (drei)
Flüsse: einen
Strand: KEINEN…, aber Fische wie Stint

Lilaland drum herum gefunden.. nennen Allesfresser: „Heide"

Museum für Ur-Opas Erfindung: Eins

Natallia Yermakova hat in Witebsk in Weißrussland Kunst auf Lehramt studiert. Seit 2005 studiert sie an der Hochschule für Angewandte Wissenschaften in Hamburg in der Fakultät Design Medien Information mit dem Schwerpunkt Illustration. Dieses Buch ist ihr erstes Projekt, das während des Studiums entstanden ist. Natallia Yermakova lebt in Lüneburg.

Michael Beuthner hat Kommunikationswissenschaften, Germanistik und Psychologie in Münster studiert. Danach hat an der Universität Lüneburg und Hamburg unterrichtet und arbeitet heute an der Hamburg Media School. Er ist Autor zahlreicher Fachbücher über Medienphilosophie und Journalismus. Dieses Buch ist sein erstes Sachbuch für Kinder. Michael Beuthner lebt in Lüneburg.

Text: Michael Beuthner
Idee und Konzept: Natallia Yermakova und Michael Beuthner
Grafische Gestaltung und Schrift: Natallia Yermakova
© 2008 by Verlag Landeszeitung für die Lüneburger Heide GmbH
Alle Rechte vorbehalten
Herstellung: nordlanddruck, Lüneburg
ISBN 978-3-922639-14-5